Lugares donde vive la gente

por Mary Lindeen

Tabla de contenidos

Consultora:
Adria F. Klein, Ph.D.
California State University, San Bernardino

capstone
classroom
Heinemann Raintree • Red Brick Learning
division of Capstone

Demos un paseo

No importa donde la gente vive, las personas han aprendido a usar los espacios y los materiales que los rodean. Lo que comen, donde viven y la manera de viajar depende del lugar donde viven.

Si viven en el desierto, al lado de un río o en las montañas, deben descubrir como encontrar comida y refugio en ese lugar. Una razón importante por lo que a las personas les gusta viajar es aprender como viven otras personas. Puedes realizar un paseo corto mientras lees este libro.

Todo clase de comidas

En todo el mundo, las personas generalmente comen los alimentos que encuentran o crecen en su región. Estos pescadores viven y trabajan cerca del océano. Venden la mayor parte del pescado que capturan, pero también comen mucho pescado.

Este granjero vive en las **llanuras**. Aquí el suelo es plano y rico, bueno para las plantas. Es un buen lugar para cultivar. Las personas que viven en las llanuras comen muchos granos, como el maíz y el trigo.

Esta casa está en la **selva tropical**. Las personas que viven aquí comen frutas tropicales, pescado y frutos secos. Cocinan con especies como el jengibre o la canela. Usan los alimentos que se encuentran fácilmente cerca de sus casas.

Las personas que viven donde hace mucho frío han aprendido a pescar aun cuando el agua está congelada. La caza y la pesca son importantes fuentes de alimento para las personas que viven donde no hay muchas plantas.

Todo tipo de casas

Las personas construyen sus casas de manera diferente, según donde viven. Estas casas están construidas sobre **pilotes** en el agua. Al levantar las casas del suelo, se las protege de las inundaciones y de las olas grandes.

En el desierto, las personas viven en casas de **adobe**. El calor del sol hace que la arcilla se endurezca. Y se puede usar para construir. El adobe mantiene fresco el interior de una casa que está bajo el sol cálido. Es perfecto para las personas que viven donde hace calor y el clima es seco.

En algunos lugares, hay ciudades enteras que se han construido sobre los riscos. Estas casas están cerca del agua, donde pesca mucha gente.

Las personas que viven en el bosque tienen mucha madera alrededor. Usan esa madera para construir sus casas. También usan leña como **combustible** para calentar las casas.

Viajando

No importa dónde viva la gente, tienen que ir de sus casas a otros lugares. Un telesférico es una manera fácil de subir y bajar de una casa en la montaña.

Esta es una famosa ciudad de Italia. En algunas partes, no hay caminos pavimentados. En lugar de eso, los edificios están rodeados por agua. La gente usa botes para viajar por esos **canales**.

Puede ser difícil y peligroso viajar sobre el hielo y la nieve. Para las personas que viven aquí, tiene sentido viajar en un **trineo**. Igual que las personas de cualquier lugar, aquellos que viven aquí han aprendido a hacer buen uso del lugar al que llaman su hogar.

Glosario

adobe hecho de tierra y paja y secado al sol

canales vías navegables que se usan para el transporte

combustible fuente de calor y energía, como la madera, el petróleo o el gas

llanuras grandes zonas planas con pastizales

pilotes postes o vigas que se usan para que una estructura esté alejada del suelo

selva tropical bosque en una zona húmeda y tropical

trineo transporte tirado por animales como renos o caballos

Índice